Г¹¹К
2.17

VARIÉTÉS DROLATIQUES.

par

VICTOR GRENIER

— o —

Prix : 1 franc 25

— —

Typ. P. Cazamian, Saint-Denis, (Réunion)

— —

1878

VARIÉTÉS DROLATIQUES.

—o—

Nous venons de recevoir d'un de nos abonnes de la partie Sous-le-Vent une lettre que nous croyons devoir porter à la connaissance de nos lecteurs. Voici :

A Monsieur Victor Grenier, publiciste.

Monsieur,

Connaissant l'intérêt que vous portez à tout ce qui peut-être utile aux habitants honnêtes de la colonie, — tant petit que soit l'endroit, et quelle que soit l'indifférence qu'il inspire à certains républicains du jour, qui ne cherchent dans le triomphe de leurs idées libérales, que l'occasion d'exercer leur pitoyable despotisme, — je crois vous être agréable, en vous adressant un écrit qui m'est tout dernièrement tombé sous les yeux.

« Adresse des habitants de la Saline (Saint-Paul) à Monsieur le Gouverneur.

« Monsieur le Gouverneur,

« Nous avons eu l'honneur de vous présen-

ter, l'année dernière, une supplique dans laquelle nous vous priions d'employer vo're influence
vis à vis Monsieur le Maire et le Conseil Municipal de St-Paul, pour obtenir qu'ils voulussent
bien rétablir au budget une subvention de 500
francs qui était versée à l'Ecole Communale de
St-Leu, située sur les limites de cette Commune
et de la Nôtre, et où nous envoyions nos enfants
s'instruire sous la directio n des Frères de la doctrine chrétienne.

« Vous voulûtes bien monsieur le gouverneur,
donner un avis favorable à notre demande : la
bienveillance que témoignaient vos paroles est
restée sans résultat devant la volonté opposée
du Maire de St-Paul et de son Conseil.

« Ainsi abandonnés de nos « représentants
légaux », nous nous sommes retournés vers M le
Maire et le Conseil municipal de St-Leu, et nous
avons acquis la certitude que l'Ecole des Trois-
Bassins resterait ouverte à nos pauvres enfants,
si la subvention de 500 francs continuait à être
fournie. L'extrait, que nous joignons à cette
adresse, de la délibération du Conseil municipal
de St-Leu en date du 3 septembre 1877, Monsieur le Gouverneur, vous en donnera la preuve:

« Devant cette délibération, et cette preuve
de bonne volonté de la Commune de St-Leu,

nous nous sommes mis en mesure de réunir les fonds nécessaires. (Nous les avons !)

« Mais une nouvelle difficulté s'élève : la Commune de St-Leu ne peut recevoir la subvention que par l'intermédiaire du Maire de St-Paul, et celui-ci a déclaré à l'un de nous (M. Amédée Gruchet) « qu'il n'entendait pas recevoir cette somme, si elle devait être affectée à l'Ecole des Frères de la Doctrine chrétienne. »

« Nous implorons cette fois, votre intervention, Monsieur le Gouverneur, pour que les cinq cents francs que nous offrons à la Commune de St-Leu puissent être régulièrement acceptés, et que nous ayons la faculté de continuer à envoyer nos enfants à « l'Ecole de notre choix »

Nous sommes avec le plus profond respect, Monsieur le Gouverneur,

Vos très-humbles et obéissants serviteurs,
Signé :

Duvernay Hoareau — Amédée Gruchet — Ovide Gourreau — Alfred Maugy — Vallon Adolphe — P. de la Nux — Leon Xavier — Auguste Stanislas etc. — (Cinquante-trois signatures de pères de famille, habitants honorables de la Saline.) »

Cette lettre a besoin de commentaires et nous la ferons suivre des réflexions qu'elle nous suggère.

Notre correspondant débute en nous parlant de ces «républicains du jour, qui ne cherchent dans le triomphe de leurs idées libérales que l'occasion d'établir leur pitoyable despotisme.» En effet, cette variété de l'espèce existe parmi nous, et on s'étonne vraiment de quelle quantité de poseurs municipaux, le Suffrage universel a peuplé nos différentes administrations communales. Il y a des Maires qui se croient des gouverneurs au petit pied. Il faut que tout se courbe devant leurs volontés, ils ont leurs créatures et leurs flatteurs, ils auront bientôt leur cour comme les rois et les grands barons de l'ancien régime. Nous en avons vu dernièrement un, qui avait eu la singulière imagination de passer des revues de la garde citoyenne, haranguer les troupes, et se faire rendre les honneurs militaires. Il n'est pas mort sous le poids du ridicule.

Plus, dernièrement encore, et pendant le cyclone qui vient de désoler la colonie, nous avons vu un de nos édiles traiter un malheureux brigadier de police avec une rigueur et une brutalité qu'on serait de la peine à comprendre, même de la part d'un chef de service, ou du Gouverneur lui-même. C'est une histoire à raconter.

Le brigadier dont nous parlons, à la tête de trois agents subalternes, était chargé par le commissaire de police, son chef direct, de surveiller les abords de la Rivière, pour empêcher les enfants ou les pêcheurs de s'exposer à la violence du torrent qui entrainait dans sa course, des pierres et une grande quantité d'arbres arrachés des terrains supérieurs. Il pleuvait et le vent soufflait par rafales : les malheureux gardes avaient fort à faire pour exécuter leur consigne : ils étaient trempés jusqu'aux os, et n'abandonnaient pas leur poste. Ils croyaient mériter des éloges, quand vient à passer un monsieur fort bien abrité dans une bonne capote. Ce personnage remarque une quantité de gens qui circulent dans la rue, emportant des débris de pièces et de bois divers qu'ils ont été recueillir sur le rivage au péril de leurs jours. Il parait, on ne sait pourquoi, qu'un ordre venu de je ne sais où, enjoignait au poste de la Rivière, d'empêcher de recueillir les epaves des ponts de marine détruits par la tempête. Mais comment exécuter un tel ordre avec trois gardes occupés d'ailleurs à d'autres choses, quand il y avait sur le rivage plus de deux cents personnes acharnées à retirer de la mer les bois de toute sorte qui roulaient sur le rivage ? — Ce n'était pas possible. N'importe, l'edile dont nous parlons appelle le chef de poste et l'apostrophe avec une violence extrême :

« Je vous avais dit d'empêcher de ramasser le

bois et vous ne tenez aucun compte de mes ordres : sachez que je suis adjoint du Maire et je
vous seignerai. — Mais monsieur, répond le brigadier, d'un air de grande soumission, il m'est
impossible avec le peu de monde que j'ai d'empêcher toute une population de ramasser des bois
dont on ne peut pas d'ailleurs distinguer la pro-
venance.

— Taisez vous insolent ! etc. »

Là dessus le pauvre brigadier baissa la tête et
ne répondit plus mot Cependant un électeur qui
se trouvait sur les lieux fit cette réflexion : quand
on use de cette manière de la position qu'on
tient de la volonté du suffrage universel, on
court grand risque de ne pas être renommé à de
nouvelles élections. »

Le pauvre brigadier dont nous racontons la
mésaventure, aurait pu répondre avec beaucoup
de raison à l'édile atrabilaire qui le traitait avec
tant de rigueur :

M. l'adjoint au Maire, je suis un pauvre diable, père de famille, obligé de travailler et de
souffrir pour vivre et faire vivre mes enfants, je
vous respecte infiniment à cause de la haute position que vous occupez ; mais veuillez considé-
rer que je ne peux pas, matériellement parlant,
exécuter les ordres de tous les conseillers de com-

-mune, et même de tous les adjoints à qui le Maire, n'a pas délégué spécialement ses pouvoirs. Je crois que vous n'avez pas dans la circonstance de délégation spéciale du maire, et que ce que j'ai à faire, c'est d'exécuter la consigne du commissaire de Police qui est mon chef direct, avec lequel le Maire doit s'entendre pour le maintien du bon ordre. Si nous étions obligés d'obéir aveuglément à toutes les injonctions des membres du conseil de Commune, on dirait que la Police ressemble à la Cour du Roi Pétaud. D'ailleurs M. l'Adjoint au maire, je suis attaché à la Police du troisième arrondissement, et non pas à la Police municipale qui relève plus spécialement de la municipalité. Veuillez donc, mon cher Monsieur, aller apprendre vos droits et vos devoirs; quant à moi, je crois avoir fait rigoureusement mon service et je considérais comme une grande iniquité le châtiment quelconque dont vous avez l'air de me menacer. — Voilà ce que le brigadier aurait pu répondre. nous croyons que cette affaire n'a pas eu de suite, et nous félicitons monsieur l'adjoint de n'avoir pas persisté dans son premier mouvement de colère.

Nous pourrions citer d'autres histoires du même genre qui prouvent surabondamment combien certains conseillers municipaux s'exagèrent leur importance personnelle, quand ils ont été revêtus de ce mandat très honorifique sans doute, mais que l'on peut parfaitement exercer sans être pour cela un grand personnage. Nous avons vu un jour un conseiller municipal venir à l'abatoire donner des ordres, passer une inspection, prendre des notes, le tout avec un air affairé et capable, qui a fait pouffer de rire les écorcheurs de bœufs et les tueurs de cochons. Tout cela est bien fâcheux et jette le ridicule sur des citoyens honorés d'un mandat, qui devrait toujours rester respectable.

Revenons à la lettre de notre correspondant. Voici la position qu'on nous fait connaître : Il y avait aux Trois-Bassins une école tenue par les Frères. Cet établissement situé sur la limite de la commune de St-Leu, servait aussi aux enfants des habitants de la Saline, qui font partie de la commune de St-Paul. Il était juste de faire participer les deux communes aux frais d'un établissement utile aux deux localités. C'est ce qui avait été compris depuis longtemps, et la commune de St-Leu recevait pour cela de la commune de St-Paul, la modeste subvention de 500 francs. Mais le grand patriote Milhet, maire de St-Paul, a cru devoir changer tout cela, il a fait refuser la subvention de cinq cents francs, et la commune de St-Leu s'est vue dans l'obligation de faire fermer l'école des Trois-Bassins.

C'est grave ! Comment se fait-il que le citoyen

Milhet, républicain de la plus belle eau, libre penseur et ami du progrès, ait cru devoir prendre une mesure qui a pour but de priver de l'instruction primaire tous les enfants d'une localité importante de sa commune? Lui qui écrit dans son programme: l'instruction primaire gratuite et obligatoire, il fait fermer la seule école où ses administrés de la Saline puissent envoyer leurs enfants. Quelle est la raison d'une semblable mesure? C'est que l'école dont il s'agit est dirigée par les bons Frères de la doctrine chrétienne, qui n'ont pas le bonheur d'être les amis de M. Milhet, qui, lui, veut de l'instruction laïque, sans se préoccuper de la question de savoir, si tous les pères de famille de la commune partagent son opinion sur ce point, et si ces citoyens là n'ont pas le droit comme M. Milhet d'avoir aussi leurs préférences personnelles et de faire élever leurs enfants comme bon leur semble. cela dût-il déplaire au citoyen Milhet, qui demandant pour son compte la liberté de présider à des enterrements civils, devrait bien laisser aux autres celle de faire ce que bon leur semble à propos de leurs croyances religieuses.

Mais quoi! M. Milhet est-il réellement l'ennemi des prêtres et des congréganistes? ou peut-en douter lorsqu'on se rappelle qu'à l'époque de la dernière tournée de Monseigneur Soule, il a tenu à recevoir le vénérable chef de notre Dio-

cère, et qu'il a donné un banquet spécial, où il
était, lui Milhet, entouré d'un cortège de vingt-
deux soutanes. Ses amis politiques l'ont gouaillé
à ce propos, mais il n'en est pas moins vrai,
que dans la circonstance. le Maire de St-Paul a
montré qu'il n'était pas l'ennemi des prêtres.

Lui l'ennemi des prêtres ! mais non ! M. Milhet est le parrain de la cloche de la chapelle du
Bois de Nèfles ; dans un discours de propagande
en faveur de la candidature de M. de Mahy, n'a-
t-il pas dit, le fameux soir du punch St-Paulois,
que M. de Mahy était comme lui, Milhet, dévoué
au culte de notre religion, et que tous deux « ils
aimaient le prêtre ? »

Il faut remarquer que M. de Mahy est protes-
tant, et que M. Milhet est partisan des écoles
laïques et des enterrements civils ; mais néanmoins quand il a dit que comme son ami et cor-
réligionnaire politique, « il aime le prêtre, »
nous pensons bien qu'il n'a pas voulu dire que
c'ait comme le chasseur qui aime le gibier pour
le manger.

Cependant cet amour du citoyen Milhet pour
le Prêtre ne nous paraît pas poussé à l'excès.
Nous aurons dans quelques jours une preuve de
ce que nous disons, si, comme on le rapporte,
nous devons assister à un procès correctionnel

pour diffamation par la voie de la Presse, intenté sur la plainte de M. Milhet contre l'honorable curé de Mafatte.

M. Milhet a peut-être été mal inspiré, quand
il a eu l'idée de porter cette plainte. Les rieurs
ne seront probablement pas de son côté. C'est
son affaire. Ce qu'il y a de certain, c'est que M.
Milhet ne veut pas de l'école des Frères aux
Trois-Bassins et à la Saline.

Ah ! mais non ! Il n'en veut pas. Des habitants de la Saline ont adressé une lettre au Gouverneur pour le prier d'user de son influence
sur le maire de St-Paul, avec fin d'obtenir de
lui et de son conseil de commune la modique
subvention de 500 francs réclamée par la commune de St Leu. M. le gouverneur a donné un
avis favorable aux habitants de la Saline et a re-
commandé leur pétition au Conseil municipal ;
Mais bah ! que signifie la recommandation du
gouverneur et son concours sympathique en
présence du refus et de la volonté contraire du citoyen Milhet ? La subvention demandée avec
tant de raison a été refusée.

Les habitants de la Saline n'ont pas perdu
courage. Ils soutiennent une bonne cause avec
la persistance qu'ils doivent y mettre. Le conseil
de commune de St-Paul leur a refusé les 500 fr.

qu'ils demandaient, eh bien ! ils se sont procuré cette somme par souscription : ils l'ont maintenant : leur école pourra être conservée.

Pas encore, ils n'ont pas tout à fait fini avec le citoyen Milhet.

— Comment ? Puisqu'on a l'argent ? — Cela n'est pas si. Il faut vous dis-je, il faut encore aux habitants de 'a Saline le bon vouloir et le concours de M. Milhet, et ils ne pourront pas obtenir leur école si tel n'est pas le bon plaisir du maire de St Paul ; car la commune de St Leu, c'est la forme, c'est l'etiquette, ne peut pas recevoir la subvention de 500 francs résultant de la souscription des habitants de la Saline, si cette somme ne passe pas par le canal de M Milhet qui seul peut la faire tenir d'une façon officielle et légale à son con'frère le maire de St-Leu, sans cela rien ne se fera !

— Eh bien ! La difficulté ne doit pas être bien grande. M Milhet peut bien recevoir la subvention et la transmettre au maire de St-Leu. Cela ne lui coûtera pas beaucoup puisqu'il n'a rien à payer.

— Mais c'est que justement M. Milhet ne veut pas recevoir la subvention pour la transmettre à la commune de St-Leu. Il l'a déclaré à un bohorable, habitant de la Saline dont notre correspondant nous a fait connaître le nom; c'est M. Amédée Cauchet. Il faut avouer que pour le coup le Maire de St Paul y met réellement de la molice:

A-t-il le droit d'en agir ainsi, et comment faut-il s'y prendre pour vaincre une semblable obstination qui fait évidemment grief aux intérêts les plus chers des habitants d'une partie intéressante de la commune de St-Paul ? C'est une question que nous posons fort humblement et qu'il appartient à l'autorité supérieure de résoudre. L'honorable M. Belly, curé de Mafatte, dans la brochure qu'il vient de publier contre les faits et gestes du maire de St-Paul, dit que M. Milhet a mérité bien des fois d'être cassé de ses fonctions de maire; pour sûr, l'histoire de l école des Trois-Bassins que nous venons de faire connaître fournit à l'autorité compétente une dernière occasion de demander à M. Milhet si oui ou non, il veut prendre au sérieux les fonctions qui lui sont confiées, — S'il veut définitivement se conformer au vœu du public et du chef de la Colonie? — Enfin la position est telle qu'il est obligé de se soumettre ou de se démettre. C'est une ressemblance qu'il a avec le maréchal de Mac-Mahon. Mais il y a une différence, c'est qu'il est bien plus facile d'en finir avec M. Milhet qu'avec le Président de la République; en effet si le maire de St Paul veut continuer ses plaisanteries administratives et refuse de se soumettre, le Gouverneur n'a pas besoin d'attendre sa démission, pour le casser aux gages et le renvoyer gros Jean comme devant. Expression d'autant plus heureuse, que le citoyen Milhet s'appelle Jean.

La mauvaise volonté de M. Milhet à l'endroit des respectables Frères de la doctrine chrétienne est réellement inexplicable de la part d'un citoyen qui prétend se recommander par ses idées libérales et progressives. Il a été démontré non pas une fois, mais tous les ans, que l'instruction donnée par les Frères est de beaucoup supérieure à celles que les enfants reçoivent dans nos écoles primaires laïques. M. Milhet a reconnu lui-même cette vérité, qui est incontestable pour tout le monde : quel est le motif qui l'a déterminé à remuer ciel et terre pour faire joindre à son admirable collège de St-Paul, fondé sur le système Duruy, une école normale pour former des instituteurs laïcs ? C'est qu'il a bien reconnu que nos instituteurs laïcs ne sont pas de force à lutter contre les Frères de la Doctrine chrétienne. Cela étant, comment expliquer qu'un maire qui comprend les intérêts de ses administrés cherche à fermer les seules institutions capables d'élever les enfants pauvres de sa commune ?

Tout est inexplicable dans la conduite de ce pauvre maire, et il est plus que temps que l'administration supérieure se rende un compte exact de la manière dont il prétend administrer sa commune.

Nous reviendrons sur ce sujet si nous nous occupons du procès intenté, dit-on, à l'honorable M. l'abbé de Belly, sur la plainte du Maire de St-Paul.

✻

Avant de passer à un autre ordre d'idées, nous ne voulons pas abandonner ce cher M. Milhet, sans faire en sa faveur une observation dont tout le monde appréciera la justice et l'opportunité. Comment se fait-il que cet excellent docteur-maire n'ait pas encore été portraituré, narré et historiographié dans l'Album de la Réunion ? — Évidemment c'est une lacune regrettable dans le monument que M. Roussin a élevé à la gloire coloniale.

La dernière livraison de l'Album vient de paraître, et nous y trouvons le portrait du citoyen Léonce Potier, le Triptolème créole, le vulgarisateur de la charrue à Bourbon. Reste à savoir si vraiment la charrue est vulgarisée dans la Colonie. C'est ce qui n'est pas démontré. N'importe, M. Roussin le portrait de M. Potier d' e dont on ne nous apprend pas l'auteur, mais qui est, dit-on, l'éloge de soi-même par soi-même. Après tout, si M. Potier n'a pas réussi dans son essai d'importation de la charrue dans la Colonie, il a fait bien d'autres tours de force qui lui donnent le droit de figurer dans la galerie des hommes célèbres de la Colonie. Ne remplit-il pas, dans le collège de M. Milhet, à St-Paul, les importantes fonctions de professeur de langues étrangères ? Sans doute c'est une chose ordinaire et commune que d'enseigner une langue que l'on connaît, mais quel mérite ne faut-il pas avoir pour enseigner une langue que l'on ne connaît pas. Or, il paraît que le professeur du collège de St-Paul n'a appris l'anglais que dans des conversations avec une charmante écossaise de sa connaissance, et quant à l'allemand qu'il enseigne aussi, il a trouvé, dit-on, le moyen de l'apprendre en causant tous les matins avec un boulanger alsacien établi à Saint-Paul. Tout cela ne l'empêche pas de faire ses cours de langues à la satisfaction de M. Milhet, dont la compétence est hors de doute en ces matières, comme en tout ce qui peut regarder l'instruction et l'éducation de la jeunesse.

Cependant, puisqu'on a donné une place à M. Potier dans l'Album, on ne voit pas pourquoi on n'en donnerait pas aussi une à l'illustre docteur Milhet.

Car enfin, qu'est-ce que l'Album de la Réunion » — « Le Moniteur » qui doit en faire une nouvelle édition, nous l'apprend dans une réclame qu'il a publiée à la date du 16 janvier dernier, à la place de son article éditorial.

« L'Album, dit ce bon journal, est un monument élevé à notre Colonie. C'est l'histoire illustrée de la Réunion. On y trouve la galerie des illustrations coloniales depuis l'origine de l'île. L'habile crayon du dessinateur a fait revivre toutes les grandes figures du passé, et des plumes autorisées (comme celle de M. Thomy Lahuppe, auteur de la flagornerie adressée à M. de Mahy) ont retracé dans des pages éloquentes (éloquence est bon) les physionomies de ces personnalités marquantes La Faune et la Flore créoles occupent une large place dans cette œuvre consacrée à la vulgarisation de toutes nos richesses. »

M Thomy Lahuppe qui signe ordinairement tous les articles éditoriaux du « Moniteur, » n'a pas cru devoir mettre son nom au bas des lignes que nous venons de rapporter : par un sentiment de convenance et de modestie, il a mieux aimé laisser la responsabilité de la chose à son gérant responsable : nous comprenons parfaitement ce scrupule.

Quoiqu'il en soit, puisqu'après Parny, Dayot, Greslan, Joseph Hubert, Hubert de l'Isle et tant

d'autres illustrations creoles ; — puisqu'après
les Gouverneurs, les Evêques, on a cru devoir
donner une place à M. Potier dans l'Album de la
Réunion, nous ne voyons pas pourquoi on n'en
donnerait pas une à M. Milbet, l'Album conte-
nant d'ailleurs, comme nous l'avons vu plus haut
non seulement toutes les grandes figures de l'his
toire coloniale, mais, encore la Faune et la Flore
créole. Quand le diable y serait, M. Milbet peut
bien être compris dans une de ces deux dernières
classifications.

Espérons donc que M. Thomy Laboppe, met-
tant de côté ses rancunes et ses haines personnelles, oubliant qu'il a été par le fait de M. Milbet blackboulé et tombé aux dernières élections,
ne se souvenant plus de la suite de Grenoble qui
lui a été ménagée par les électeurs du bout de
l'Etang, et de la pile de mottes de terre dont il
a été regalé, au milieu d'un de ses plus beaux
mouvements oratoires, espérons que M. Thomy
Laboppe se rendant à un sentiment louable de
justice et de loyauté, ne manquera pas de donner une place à M. Milbet dans l'appendice qu'il
promet à la nouvelle édition de l'Album, et qu'il
lui fera même la gracieuseté de lui rediger, de
sa plume élégante et facile, une petite biographie
bien soignée, bien tapée et digne de passer à la
postérité la plus reculée,

Car M. Lahuppe en se chargeant de faire une nouvelle édition de l'Album de la Réunion, veut travailler pour la justice et pour la gloire. Il n'entend pas faire une spéculation d'imprimeur, et obéir à aucune préoccupation d'intérêt. Oh ! non. Il tend noblement la main à un loyal artiste et il l'aide à sauver son œuvre ! — Oh ! c'est beau ! propriétaires du « Moniteur » et entrepreneurs de publicité, vous avez réellement l'âme grande, et nous connaissons votre désintéressement en matière de travaux d'imprimerie ! — Seulement nous rappellerons a l'administration que c'est dans le cours de la présente année que doit avoir lieu l'adjudication du marché pour les travaux d'imprimerie et de réglure nécessaires au divers services du gouvernement.

Espérons que cette adjudication aura lieu dans des conditions sérieuses, et que sous le règne de la république nous verrons disparaître enfin un monopole qui a tant coûté aux finances de la colonie. En vain le rédacteur du « Moniteur » a écrit en faveur de M de Mahy une biographie extra-élogieuse dans l'Album de la Réunion, en vain le Conseil général a voté sur la proposition de l'Editeur du « Moniteur » un supplément de 12 mille francs en faveur de nos représentants dans la métropole, ses services personnels ne feront rien dans la question, et nous comptons sur la loyauté, sur l'incontestable honnêteté de

MM. Lacroix et de Mahy pour penser qu'ils se garderont bien de soutenir de leur influence dans la métropole, ou dans la colonie des démarches qui tendraient à faire renouveler au profit des propriétaires du « Moniteur » un privilège qui n'a duré que trop long-temps.

Il y a quelques jours, malgré les prétentions de l'Entrepreneur actuel des travaux du gouvernement, la commune de St-Denis a mis en adjudication l'impression des listes electorales de St-Denis. Ce qui s'est passé a ce sujet mérite d'être raconté :

Le travail était minutieux et présentait certaines difficultés à cause des conditions de temps pendant lequel il devait être exécuté. La mairie devait fournir à l'imprimeur les listes manuscrites dans la journée du 10 janvier, et elle devait les recevoir imprimées le 15 au soir. C'était une difficulté réelle sur laquelle les propriétaires du « Moniteur » comptaient bien pour éloigner leurs concurrents et rester seuls maîtres de l'adjudication des travaux. Le « Moniteur » est en effet mieux outillé que les autres imprimeurs de la colonie et son personnel est évidemment beaucoup plus important : les bénéfices considérables qu'il réalise dans ses travaux du gouvernement lui permettent ce luxe. D'ailleurs il paraît que tout dernièrement pour mettre les autres imprimeurs dans l'impossibilité de travailler, on avait, dit-on, fait faire des propositions avantageuses aux principaux ouvriers des autres ateliers, et notamment, si nous sommes bien informé, à ceux du « Nouveau Salazien. » Le propriétaire du «Moniteur» se croyant seul capable de faire exécuter les travaux demandés par la Commune, pensait qu'il était seul à soumissionner. Il n'en fut rien : 3 soumissions furent déposées à la mairie.

1° Le « Journal du Commerce, » représenté par M O. Delval, soumissionna au chiffre de 1,200 francs.

2° M Labuppe représentant l'imprimerie du «Moniteur,» proposa de faire les travaux demandés pour 913 francs.

3° Enfin, M. Drouhet fils, propriétaire du «Nouveau Salazien,» soumissionna au chiffre de 499 francs. Les travaux lui furent adjugés.

Mais le citoyen Zéronime déclara en tapant sur son ventre, que le pauvre Thomas Diafoirus avait fait une soumission téméraire, et qu'il ne pouvait pas exécuter les travaux demandés, que dans tous les cas il avait soumissionné à un prix ruineux. Laissons Zéronime qui n'entend rien aux questions des travaux de typographie, pas plus qu'aux questions généralement quelconques qui regardent l'imprimerie et la publicité des journaux.

Le citoyen Lahuppe fut singulièrement mortifié de n'avoir pas l'adjudication, mais il gardait l'espoir que les travaux lui reviendraient, par la raison que le «Nouveau Salazien» serait dans l'impossibilité matérielle de les exécuter. D'ailleurs les citoyens Lahuppe pensent depuis longtemps que par droit de conquête et par droit de naissance, tous les travaux de typographie doivent leur appartenir, et ils n'admettent pas qu'un privilège qui leur a été si lucratif depuis de si longues années, puisse jamais leur être arraché.

Le citoyen Thomas Diafoirus n'était pas de cet avis, et réclamait simplement sa place à ce soleil qui luit pour tout le monde, surtout en temps de république.

Quel fut le dénouement de tout cela ?

Le quinze au soir les travaux devaient être livrés par le «Nouveau Salazien,» et à cinq heures de l'après-midi on vit arriver à la mairie les citoyens l'archange Gabriel et Zéronime, escortés d'un huissier : ils venaient bravement faire constater, dans une protestation faite par l'officier ministériel que le «Nouveau Salazien» n'avait pas tenu les engagements qui lui étaient imposés par le cahier des charges. Ils se cendrent bien contre les listes imprimées, qui avaient été déposées fort régulièrement deux heures avant leur arrivée.

Cette mystification était cruelle, Zéronime se mit à souffler péniblement, et l'archange Gabriel entra dans une colère homérique qui lui inspira une petite vengeance assez maladroite. Il fit immédiatement frapper une opposition entre les mains du maire à la délivrance des fonds revenant à M. Drouhet fils pour les travaux qui venaient d'être exécutés, et ce, par le motif qu'il se prétendait créancier de M. Drouhet fils.

Ce fait, était inexact : M. Labuppe n'était pas le créancier de M. Drouhet fils ; c'est M. Drouhet père qui était son débiteur et qui l'a payé depuis ; M. Labuppe a donc été obligé de donner main-levée de son opposition et il a été condamné par le tribunal aux frais de la procédure, qui lui a coûté quatre ou cinq cents francs. A quoi sert donc d'avoir pour associé un frère qui a fumé dans la pipe d'un avocat, si c'est pour se lancer dans des procédures semblables!

La conclusion de tout ceci est que le «Nouveau Salazien» a prouvé que l'imprimerie du « Moniteur n'était pas seule capable d'exécuter à Bourbon des travaux de typographie, et que de plus, ces messieurs du «Moniteur» ont l'habitude d'exiger des prix réellement exorbitants. En effet, en soumissionnant à 499 fr., M. Drouhet a fait un bénéfice de 250 francs, après avoir donné à ses ouvriers une gratification de 130 fr.: quelle est donc la somme relativement énorme que M. Lahuppe aurait gagnée au détriment de nos finances s'il avait eu le travail à raison de 943 fr. ?

*

Un mot sur le cyclone du 14 et 15 janvier dernier, avant de terminer ces variétés drélatiques dont nous donnerons prochainement la suite, en racontant le fameux procès de Saint-Benoît, qui se déroule aujourd'hui devant le tribunal de police correctionnelle de St-Denis, et qui menace de prendre un nombre indéterminé de séances, pour arriver probablement à un résultat qui ressemblera à l'accouchement de la montagne en travail : « ridiculus mus. »

Le drame après la comédie !

S'il faut en croire « le Moniteur, » la bonne ville de St-Denis ne saurait trop se réjouir du dernier cyclone qui a dévasté la colonie, détruit les récoltes et fait périr une cinquantaine de victimes. Elle doit se consoler de ces petits accidents en présence du grand avantage qu'elle est appelée à retirer du passage de l'ouragan. En effet, ce cyclone d'après le bon «Moniteur,» vient de démontrer d'une façon irréfutable, que le port est possible et indispensable dans la rade de St-Denis. C'est un peu raide, mais c'est ce que le «Moniteur» nous affirme de la manière la plus positive.

Ainsi ces lames qui se brisaient à plusieurs centaines de mètres du rivage, ces vagues qui s'élevaient comme des montagnes et venaient mourir sur les quais pour briser avec fureur le bâtiment qui servait au bureau de la douane, ces amas considérables de galets qui sont venus encombrer la passe du barachois, tout cela prouve que le port est possible et même facile dans la rade de St-Denis! — Un petit mur de quelques mètres de hauteur, élevé sur une jetée qui traverserait la rade, suffirait évidemment pour arrêter les courroux des flots: la mer ne pourrait pas par-dessus pour venir écraser les navires qui seraient dans le port, comme elle a écrasé les bâtiments qui se trouvaient sur les quais: l'encombrement actuel de la passe du barachois prouve que les galets, ne marchent pas sur la côte, car il ne faut pas compter quelques centaines de milliers de tonneaux qui serviront de lest aux navires qui vont nous chercher du riz.

dans l'Inde. Bref, il ne faut pas insister, la démonstration est faite, vous dis je! le «Moniteur» nous l'affirme, et nous devons nous incliner devant sa puissante autorité. On dit que le citoyen Thomy le Nazillard avait eu l'idée lumineuse de démontrer d'une façon matérielle et saisissante pour tout le monde, que l'apport des galets sur la plage de St-Denis, est une blague affreuse, un bruit que la police faisait courir pour chercher à ternir la gloire d'un grand homme. Pour cela, il avait été avec plusieurs amis couler une grosse roche rouge au bout du port, et il se proposait de montrer après l'ouragan cette roche à la même place. Malheureusement la roche rouge a disparu : le citoyen Thomy et ses amis, l'ont cherchée longtemps, inutilement.

Néanmoins, tout cela n'empêche pas le port d'être possible et facile dans la rade de St-Denis : c'est clair, c'est certain, c'est démontré.

On ne comprend même plus pourquoi la commune dépensé 40 mille francs pour envoyer chercher un ingénieur qui viendrait nous apprendre une chose que nous savons déjà. Donner 40 mille francs pour faire défoncer une porte ouverte, cela nous paraît un peu cher. Néanmoins le conseil privé a approuvé le vote du conseil de commune, qui autorise le Maire à disposer de quelque somme pour l'usage dont il s'agit. On dit

que ces quarante mille francs seront offerts à
M. Lavalley, lui-même, pour venir donner sa
consultation en faveur de la rade de St-Denis; on
fera entrevoir à l'illustre ingénieur qu'il peut,
du même coup, gagner le million de gratification que la ville a promis à celui qui bâtira le
port à St-Denis.

Nous demandons quel est l'impertinent qui
acceptera d'aller faire de semblables propositions
à M. Lavalley ? — Certes nous ne voudrions pas
nous charger de la commission, de peur d'être
rudement mis à la porte par les épaules, et avec
le peu d'égards que mériterait une pareille am-
bassade.

Oh! quand donc aurons-nous un port ' quand
verrons-nous cesser toutes les luttes puériles et
et tous les tiraillements mesquins, qui viennent,
au nom des intérêts particuliers, entraver la so-
lution d'une question où l'on ne devrait voir que
l'intérêt général de la colonie, et l'intérêt plus
sacré et plus respectable encore de l'humanité.

Les détails qu'on vient de nous raconter à
propos du naufrage de la Canadienne sont na-
vrants. Ce navire de commerce français mouil-
lé sur la rade Saint-Benoît où il achevait le dé-
chargement de sa cargaison de riz, a été brisé
sé sur le rivage pendant le cyclone du 15 jan-

vier dernier. Il a perdu le reste de sa cargaison, environ cinq mille balles de riz, et sur 19 hommes d'équipage, six seulement ont pu être sauvés. S'il y avait eu un port à Bourbon, n'importe en quelle localité, —avec un chemin de fer pour centraliser le mouvement commercial de l'île; nous n'aurions pas à déplorer cet affreux sinistre de la Canadienne.

Les habitants de Saint - Benoit garderont longtemps le souvenir de ce beau navire qu'ils ont vu briser sur la plage de leur quartier. Depuis le naufrage du Saint-Gérant, immortalisé par le récit de Bernardin de St-Perre, jamais peut-être sur les plages de nos îles intertropicales, un sinistre de mer ne s'est offert dans des conditions plus lamentables et plus émouvantes.

La Canadienne était mouillée en face de l'établissement du Bourbier, non loin d'une plage hérissée de récifs dangereux. C'était dans la matinée du 15 janvier. Depuis la veille, la mer était affreuse; tout-à-coup le ciel devint noir ; au milieu d'une pluie torrentielle le vent soufflait avec fureur, et comme il battait en côte la Canadienne ne pouvait pas appareiller. Sa seule ressource était de se tenir sur ses ancres ; mais bientôt on s'aperçut que le navire chassait en s'approchant des récifs où sa perte devenait certaine.

La population généreuse de St-Benoit était accourue sur le rivage, prête à porter secours aux malheureux dont les jours étaient menacés par la tempête. Pendant plusieurs heures les matelots luttèrent héroïquement On les voyait courir sur le pont, grimper dans les mâts, exécuter les manœuvres nécessaires. Mais le navire chassait toujours et chacun acquit la conviction qu'il ne pouvait manquer d être bientôt brisé :

Alors on vit un homme traverser la foule et se placer sur un tertre élevé qui dominait la côte, d'où il pouvait voir ce qui se passait sur le navire, en se faisant reconnaitre en même temps des marins qui luttaient contre la mort. C'était l abbé Chaumeil, le vénéral curé de St-Benoit. Quand les matelots le reconnurent, on les vit s'agenouiller sur le pont. Ce moment fut solennel. L'abbé Chaumeil étendit ses mains vers ceux qui allaient mourir et leur donna la dernière bénédiction de l'église. A peine eût-il fini que le navire se brisa sur les rochers, tout fut englouti, les hommes disparurent, un immense cri se fit entendre dans la foule: «sauvons les naufragés!» Hélas! sur 19 hommes, six seulement purent echapper à la fureur des flots. L'abbé Chaumeil eut le bonheur de participer au sauvetage d'un de ces malheureux. Mais après celui-ci, il court à quelques pas plus loin pour secourir trois autres matelots que la mer roulait dans une anse voisine : le vénérable curé avait trop compté sur ses forces, il tombe et il est roulé lui-même dans les flots, où il court pendant un moment le plus grand danger. Naufragé lui-même, il fut sauvé avec beaucoup de difficultés. Aujourd'hui le digne curé de St B. noit est au lit, malade de ses blessures ; on craint, dit-on, d'être obligé de lui couper la jambe.

S'il lui fallait subir cette douloureuse opération, le vénérable curé de St-Benoit devrait-il renoncer au saint ministère ? — Nous pensons que sur la demande des habitants de Saint-Benoit, une dispense pourrait être accordée à ce vaillant invalide de la charité chrétienne ; cela regardera Monseigneur de Saint-Denis dont la bienveillance est connue de tout le monde.

Dès à présent ce qui regarde M. le Gouverneur, c'est de signaler au département la conduite du curé de Saint-Benoit dans le dernier cyclone, et de faire briller l'étoile de l'honneur sur la poitrine de ce brave de la charité chrétienne qui expose ses jours, non pas pour lui-même, mais pour sauver les autres.

St-Denis, 6 février 1878.

V. G.